YO TENGO UN SUEÑO

DR.
MARTIN
LUTHER
KING JR.

YO TENGO
UN SUEÑO

Prólogo de Amanda Gorman

Traducción de Alexis Romay

MartinLuther King Jr. *Library*

En asociación con **IPM**
INTELLECTUAL PROPERTIES
MANAGEMENT, INC.

Licencia otorgada por Intellectual Properties Management, Inc., Atlanta, GA, licenciante exclusivo de The King Estate.

Título original: *I Have a Dream*

Publicado en inglés por Amistad en los Estados Unidos en 2022

PRIMERA EDICIÓN

Copyright de la traducción © 2022, Alexis Romay

Diseño de SBI Book Arts, LLC
Arte © ARTvektor/Shutterstock

Este libro ha sido debidamente catalogado en la Biblioteca del Congreso de los Estados Unidos.

ISBN 978-0-06-324688-1

22 23 24 25 26   LSC   10 9 8 7 6 5 4 3 2

Prólogo

El 20 de enero de 2021, alcé la vista a una casi vacía Explanada Nacional, a punto de participar en la investidura presidencial de Joe Biden. Desde mi podio en la escalinata del Capitolio, veía el alto destello blanco del obelisco del monumento a Washington, el parpadeo del sol del mediodía en el estanque reflectante del monumento a Lincoln, así como los distantes y enormes mármoles del propio monumento a Lincoln. Ver las imponentes siluetas de esos monumentos le dio a mi corazón, que latía peligrosamente acelerado, un pedazo de historia al que aferrarse. Obligué a mi pecho oprimido a respirar profundamente y, mirando las estatuas, dejé que salieran de mis labios los primeros versos de mi poema «La colina que ascendemos». Sin perder el compás, puse una palabra delante de la otra: «Señor Presidente, señora Vicepresidenta, estadounidenses y el mundo».

Al hablar, me obligué a esperar que las enormes bocinas ceremoniales me reverberaran mis palabras de vuelta antes de continuar la recitación. Así, evité hablar al mismo tiempo que el eco prolongado de mi voz, y pude acoger en privado el eco de un momento histórico ocurrido hace ya tiempo.

Ese momento fue el 28 de agosto de 1963, cuando Martin Luther King Jr. recitó su ahora archiconocido discurso «Yo tengo un sueño» desde la escalinata del monumento a Lincoln. Aunque el Dr. King y yo estábamos parados en diferentes lugares y tiempos al hablar, en esencia contemplábamos la misma vista a la inversa: nuestro país y sus monumentos.

El discurso del Dr. King se convertiría en un monumento por derecho propio, aunque estuviese hecho de palabras y no de piedra. Conmovió no sólo a las 250 000 personas que asistieron a la marcha a Washington, sino también a tantísimos otros, nacidos y por nacer, que en el expresivo grito del Dr. King en aras de la libertad y los derechos civiles encontraron un poder perenne. Varios atributos hacen que sea tan poderoso, incluidos —aunque de ningún modo se limitan a— tres elementos esenciales: su visión, oratoria y lenguaje. O sea: lo que contiene, cómo fue comunicado y la manera en que fue compuesto.

En primer lugar, el Dr. King presentó una revitalización única del Sueño Americano que trascendía raza, clase, género y otras intersecciones de la diferencia. Así, no sólo imaginó unos potentes intereses comunes, sino que también hizo la crónica de la conciencia y la condición estadounidenses.

El segundo punto fuerte del discurso reside en su extraordinaria presentación y ejecución. En los días de enero que fueron la antesala de mi recitación de «La colina que ascendemos», escuché grabaciones del discurso constantemente, con la intención de aprender del electrizante y persuasivo estilo de hablar del reverendo. Algo que ambos compartimos es el impacto que la iglesia negra ha tenido en nuestro modo de abordar la oratoria. Al ser una joven negra que pasó muchos domingos en la iglesia negra de mi pueblo, he vivido cautivada por esa sempiterna institución que ha producido artífices de cambios, profetas y poetas negros a lo largo de los siglos, entre quienes están Harriet Tubman y Frederick Douglass. En cuanto a esto, el Dr. King es un ejemplo extraordinario, no una excepción exclusiva.

También diría que el discurso del Dr. King perdura no sólo por su prosa sólida, sino además por su asombrosa poesía. Como el más avezado de los rapsodas, el ambicioso reverendo impecablemente combinó lirismo, lenguaje figurado, rima, ritmo y recursos retóricos. Su brillante dominio del idioma le permitió escribir uno de los más significativos textos estadounidenses en la historia.

Sin embargo, debido a que el discurso «Yo tengo un sueño» aún es tan estimado, hay quienes han dicho que el texto ha sido usado excesivamente, al punto de convertirse en un cliché. Es cierto que este discurso es tan sólo uno de los incontables medios a través de los cuales el Dr. King se pronunció en favor de la justicia. Aun así, la magnitud de la obra del Dr. King no debería impedirnos regresar al efecto indeleble de «Yo tengo un sueño». Regresar con minuciosa curiosidad a esta obra no disminuye el impacto perdurable del Dr. King, sino que lo profundiza. Mientras más nos abrimos a la dimensión completa de su elocuente sueño, más nos abrimos a la dimensión completa de nuestro futuro compartido. Es decir, incluso lo que es reconocido debe ser re-conocido, una y otra vez, para que mantenga un significado perdurable.

Habría sido imposible para mí escribir «La colina que ascendemos» sin considerar «Yo tengo un sueño» como uno de los tantos ancestros literarios del poema. Es más, me recordó que, aunque al pararme en el podio inaugural estuviese separada y aparte, estaba lejos de estar sola. Era partícipe de un inmenso legado de figuras públicas que encuentran inspiración imperecedera en el activismo del Dr. King. Regresamos a «Yo tengo un sueño» no para convertirnos en el Dr. King, sino para profundizar, poner en alto e impulsar la totalidad de la obra de su vida. Él fue un meteoro único imposible de imitar, pero podemos continuar su misión. Ese es el eterno y *eternamente creciente* poder del sueño del Dr. King. Es una esperanza que nos desafía, nos exige y nos acoge a todos.

En el instante en que terminé de recitar «La colina que ascendemos», escuché el lento pero seguro retumbar de las bocinas en el fresco aire invernal. Era como si la historia misma me estuviese respondiendo para recordarme a todos los demás gigantes, todos los demás Kings, sobre cuyos hombros tengo la suerte de pararme. Puede que mi poema fuese una presentación individual, pero yo era sólo una voz en un coro de gente que continúa el diálogo con la visión superviviente del Dr. King. Sonreí, firmemente convencida, como todavía lo estoy ahora, de que el eco de la obra del Dr. King siempre reverberará alto y claro. Es más, un día no será sólo un eco, sino una presencia; no sólo un sueño que canta ferozmente, sino un sueño por fin cumplido.

—Amanda Gorman
Los Ángeles, California
2022

«YO TENGO UN SUEÑO»

28 de agosto de 1963

Estoy feliz de unirme hoy
a ustedes en lo que pasará
a la historia como la mayor
manifestación en aras
de la libertad en la historia
de nuestra nación.

Hace un siglo, un gran
estadounidense, a cuya sombra
simbólica hoy nos reunimos,
firmó la Proclamación
de Emancipación.

Este decreto trascendental
llegó como un gran faro
de esperanza a millones
de negros esclavos que habían
sido abrasados por las llamas
de la injusticia avasalladora.

Llegó como un amanecer
de júbilo a terminar la larga
noche de su cautiverio.

Pero cien años después,

el negro todavía no es libre.

Cien años después,

la vida del negro todavía está

mutilada por los grilletes de la

segregación y las cadenas

de la discriminación.

Cien años después,
el negro vive en una solitaria
isla de pobreza en medio
de un vasto océano de
prosperidad material.

Cien años después,
el negro todavía languidece en
los márgenes de la sociedad
estadounidense y se encuentra
de exiliado en su propia tierra.

Y por eso hemos venido aquí hoy a dramatizar una condición vergonzosa.

En cierto sentido,

hemos venido a la capital

de nuestra nación a

cobrar un cheque.

Cuando los arquitectos de
nuestra república escribieron
las magníficas palabras
de la Constitución y la
Declaración de Independencia,
firmaron un pagaré del
cual cada estadounidense
debía ser heredero.

Este pagaré era una promesa
de que a todos los hombres, sí,
a los hombres negros al igual
que a los hombres blancos, se
les garantizarían los derechos
inalienables a la vida, la libertad
y la búsqueda de la felicidad.

Es obvio que hoy Estados
Unidos ha incumplido esta
promesa en lo concerniente
a los ciudadanos de color.

En lugar de honrar

esta obligación sagrada,

Estados Unidos le ha dado

a la gente negra un cheque

inservible, un cheque que

ha sido rechazado por no

tener fondos suficientes.

Pero nos negamos a creer

que el banco de la justicia

esté en bancarrota.

Nos negamos a creer que
no haya fondos suficientes
en las grandes bóvedas de
oportunidad de esta nación.

Y por eso hemos venido

a cobrar este cheque,

un cheque que nos dará,

al pedirlas, las riquezas

de la libertad

y la seguridad

de la justicia.

También hemos venido a este lugar sacrosanto para recordarle a Estados Unidos la feroz urgencia del ahora.

Este no es momento
de dedicarnos al lujo del
apaciguamiento o de tomar
la medicina tranquilizante
del gradualismo.

Ahora es el momento
de que se cumplan las
promesas de la democracia.

Ahora es el momento
de ascender desde el oscuro
y desolado valle de la
segregación al sendero
soleado de la justicia racial.

Ahora es el momento
de levantar a nuestra nación
de las arenas movedizas de la
injusticia racial a la roca
sólida de la hermandad.

Ahora es el momento
de hacer que la justicia sea
una realidad para todas
las criaturas de Dios.

Sería fatídico que la
nación pasara por alto
la urgencia del momento.

Este sofocante verano
del legítimo descontento del
negro no pasará hasta que
llegue un reconstituyente
otoño de libertad e igualdad.

1963 no es un final,

sino un comienzo.

Y quienes creen que el negro

necesitaba desahogarse y

que ahora estará contento

van a sufrir un penoso

desencanto si la nación regresa

a lo mismo de siempre.

No habrá ni descanso ni tranquilidad en Estados Unidos hasta que al negro se le concedan sus derechos de ciudadanía.

El torbellino de la revuelta
continuará sacudiendo
los cimientos de nuestra
nación hasta que emerja
el radiante día de la justicia.

Pero hay algo que le debo

decir a mi gente, que está en

el cálido umbral

que conduce al palacio

de la justicia:

en el proceso de ganarnos
nuestro justo lugar, no
debemos ser culpables
de acciones erróneas.

No busquemos satisfacer
nuestra sed de libertad
bebiendo de la copa de la
amargura y el odio.

Debemos conducir por siempre
nuestra lucha en el alto plano
de la dignidad y la disciplina.
No debemos permitir que
nuestra protesta creativa
degenere en violencia física.

Una y otra vez, debemos
alzarnos a las majestuosas
alturas y responder a la fuerza
física con la fuerza del alma.

La maravillosa militancia
nueva que ha envuelto a la
comunidad negra no debe
conducirnos a desconfiar
de toda la gente blanca,

pues muchos de nuestros

hermanos blancos,

como lo demuestra su

presencia hoy aquí,

se han dado cuenta de que su
destino está atado a nuestro
destino y se han dado cuenta
de que su libertad está
inextricablemente encadenada
a nuestra libertad.

No debemos caminar solos.

Y, al caminar,

debemos comprometernos

a que siempre hemos de

marchar hacia delante.

No debemos retroceder.

Hay quienes les preguntan
a los devotos de los
derechos civiles: «¿Cuándo
estarás satisfecho?».

Nunca podremos estar
satisfechos mientras
el negro sea víctima de los
innombrables horrores
de la brutalidad policial.

Nunca podremos estar satisfechos mientras que nuestros cuerpos, pesados con la fatiga del viaje, no puedan alojarse en los moteles de las carreteras y en los hoteles de las ciudades.

No podemos estar satisfechos
mientras la movilidad básica
del negro sea de un gueto
pequeño a uno más grande.

Nunca podremos estar
satisfechos mientras a
nuestros hijos les arrebaten
su individualidad y les roben
su dignidad esos letreros que
declaran sólo para los blancos.

No podemos estar satisfechos
mientras que el negro en
Mississippi no pueda votar
y el negro en Nueva York
crea que no tiene ningún
motivo para votar.

No, no, no estamos satisfechos

y no estaremos satisfechos

hasta que la justicia fluya

como las aguas y la honradez

como un poderoso arroyo.

No ignoro que algunos de
ustedes han venido aquí
después de sufrir grandes
dificultades y tribulaciones.

Algunos de ustedes

han salido hace poco de

angostos calabozos.

Algunos de ustedes han
venido de áreas en las que
su búsqueda de la libertad
los dejó maltratados por las
tormentas de la persecución
y aturdidos por los vientos
de la brutalidad policial.
Ustedes han sido los veteranos
del sufrimiento creativo.

Continúen trabajando
con fe en que el sufrimiento
inmerecido es redentor.

Regresen a Mississippi,

regresen a Alabama,

regresen a Carolina del Sur,

regresen a Georgia,

regresen a Luisiana,

regresen a los barrios pobres

y a los guetos de nuestras

ciudades del norte

con la certeza de que

de algún modo esta situación

puede ser cambiada y

va a ser cambiada.

No nos regodeemos

en el valle de la desesperanza.

Hoy les digo, mis amigos,

que, aunque nos enfrentamos

a las dificultades de hoy

y de mañana, yo todavía

tengo un sueño.

Éste es un sueño

profundamente enraizado

en el sueño americano.

Yo sueño que un día esta nación
se alzará y vivirá el verdadero
significado de su credo:
«Sostenemos como evidentes
estas verdades: que todos los
hombres son creados iguales».

Yo sueño que un día

en las rojas colinas de Georgia,

los hijos de los antiguos

esclavos y los hijos de los

antiguos dueños de esclavos

puedan sentarse juntos a la

mesa de la hermandad.

Yo sueño que un día

incluso el estado de Mississippi,

un estado sofocado por el

calor de la injusticia,

sofocado con el calor

de la opresión,

será transformado en un
oasis de libertad y justicia.

Yo sueño que mis cuatro hijos pequeños un día vivirán en una nación en la que no serán juzgados por el color de su piel sino por su carácter.

Yo tengo un sueño hoy.

Yo sueño que un día, en

el sur, en Alabama, con

sus racistas furibundos,

con su gobernador de cuyos

labios gotean las palabras

«intervención» e «invalidación»,

un día, ahí en Alabama,

niños negros y niñas negras

puedan tomarse de las

manos con niños blancos

y niñas blancas como

hermanas y hermanos.

Yo tengo un sueño hoy.

Yo sueño que un día

todas las llanuras serán elevadas

y todas las colinas allanadas,

los lugares ásperos scrán

suavizados y los lugares

tortuosos serán enderezados,

y la gloria de Dios

será revelada y toda carne

juntamente la verá.

Esta es nuestra esperanza.

Esta es la fe con la que

regreso al sur.

Con esta fe podremos tallar de
la montaña de la desesperación
una roca de esperanza.

Con esta fe podremos
transformar las tintineantes
discordias de nuestra
nación en una hermosa
sinfonía de hermandad.

Con esta fe podremos

trabajar juntos,

rezar juntos,

enfrentar adversidades juntos,

ir a la cárcel juntos,

defender la libertad juntos,

con la certeza de que un

día seremos libres.

Ese será el día, ese será

el día en que todas las criaturas

de Dios podrán cantar con

un nuevo significado:

«Mi país, es de ti,

dulce tierra de libertad,

de ti es de quien canto.

Tierra en donde murieron

mis padres, tierra del

orgullo de los peregrinos,

desde la ladera de cada

montaña, ¡que cante

la libertad!».

Y si Estados Unidos
ha de convertirse en una
gran nación, esto tiene
que hacerse realidad.

Por tanto,

que cante la libertad

desde las prodigiosas cumbres

de New Hampshire.

Que cante la libertad
desde las majestuosas
montañas de Nueva York.

Que cante la libertad

desde los altos montes de

Allegheny en Pensilvania.

Que cante la libertad

desde las nevadas Montañas

Rocosas de Colorado.

Que cante la libertad

desde las sinuosas laderas

de California.

Pero no sólo eso:

Que cante la libertad

desde la Montaña

de Piedra en Georgia.

Que cante la libertad

desde la Montaña

del Mirador en Tennessee.

Que cante la libertad
desde cada cerro y cada
loma de Mississippi.

Desde las faldas

de *todas* las montañas,

que cante la libertad.

Y cuando esto ocurra,

y cuando permitamos

que cante la libertad,

cuando le permitamos

que cante desde cada

pueblo y cada aldea,

desde cada estado y

cada ciudad,

podremos acelerar

ese día en el que todas

las criaturas de Dios,

blancos y negros,

judíos y gentiles,

protestantes y católicos,

podrán tomarse de las manos

y entonar las palabras de

ese viejo espiritual negro:

«¡Libres al fin! ¡Libres al fin!

Gracias a Dios Todopoderoso,

¡somos libres al fin!».

Acerca de
Dr. Martin Luther King Jr.

Dr. Martin Luther King Jr. (1929–1968), líder de los derechos civiles y ganador del Premio Nobel de la Paz, inspiró y sustentó la lucha por la liberación, la no violencia, la hermandad interracial y la justicia social.

Acerca de
Amanda Gorman

Amanda Gorman es la poeta más joven que ha participado en una investidura presidencial en la historia de Estados Unidos. Es una activista comprometida con las causas del medio ambiente, la igualdad racial y la justicia de género. Después de haberse graduado *cum laude* en la Universidad de Harvard, ahora vive en su ciudad natal de Los Ángeles. Amanda apareció en la portada de *Variety* y fue una de las cinco homenajeadas por la revista en su especial «El poder de las mujeres»;

fue una de las tres portadas de la revista *Glamour* en su especial de «Mujeres del año» y fue seleccionada por la revista *TIME* como una de las mujeres del año. La edición especial de su poema inaugural, «La colina que ascendemos», fue publicada en marzo de 2021.

Su primer libro ilustrado, *La canción del cambio*, fue publicado en septiembre de 2021 y su colección de poemas, *Llámame nosotros*, fue publicada en diciembre de 2021; todos debutaron en primer lugar en las listas de los libros más vendidos del *New York Times*, *USA Today* y *Wall Street Journal*. Por favor, visita: theamandagorman.com.

Acerca de
Alexis Romay

Alexis Romay es autor de las novelas *La apertura cubana* y *Salidas de emergencia* y de los poemarios *Los culpables* y *Diversionismo ideológico*. Sus textos han sido incluidos en antologías, revistas y diarios en Argentina, Colombia, España, Estados Unidos, Italia y México. Ha traducido novelas de Ana Veciana-Suarez, Miguel Correa Mujica, Margarita Engle, Stuart Gibbs, Meg Medina, Adrianna Cuevas y Jason Reynolds, y ha escrito letras para canciones de Paquito D'Rivera. Vive en Nueva Jersey, con su esposa y su hijo.